문득 나한테 묻고 있네

문득 나한테 묻고 있네

김영길

현대시학 시인선 066

김영길

명지대학교 문화예술대학원(문학석사) 졸업
2003년 《문학공간》으로 등단
시집 『봄날에 다시 걷다』가 있음
한국문인협회 회원, 한국문인협회 파주지부 부회장,
파주시 공직자문학회장 역임
경기도 문학상 우수상 수상, 파주 예술인 대상 수상
파주문예대학 외 소그룹 강의

gulum92@naver.com

시인의 말

겨울이면 기러기가

여름이면 백로가

앞마당을 가로지른다

잘 있냐며

잘 있으라고

지나가고 지나온다

바라보다 해가 지고

보내고, 맞으며 8년이 지났다

알곡 몇 알이라도 주고 싶다

2021년 봄

파주 牛溪軒에서 김영길

차례

＊ 시인의 말

1부 마스크를 쓴 외계인

구계등 몽돌   14

감   15

벚꽃, 물에 취하다   16

이승의 능선에서   18

무명인 묘   20

갈대와 억새   22

난무하는 낙지들   24

거미의 궁리   26

마스크를 쓴 외계인   28

해어화解語花   30

쥐방울   31

접으세요   32

까치들의 이브   34

걸으며 사색하기   36

훅 불면 간다   38

낙엽은 하늘로 오른다   40

대야 속 꽃게들   42

걷고 또 걸어서   44

2부 잔소리 없는 여자가 좋다

비닐의 초서草書	48
바람은 어디로 갔을까	50
힘 빼기	52
그물 짜는 여자	54
벚꽃잎 날리네	56
잔설	57
한 알의 자두가 땅에 떨어져 죽지 않으면	58
잔소리 없는 여자가 좋다	60
우리 성姓을 갈자고	62
큰바람 불고	64
그·러·려·니	66
신천지	68
겨울 장미에게	69
문산천	70
윤관장군의 독백	72
공평하게	74
돌에 핀 꽃	76
고향이라는 곳	78

3부 폐를 나누다

아무렴 어떠랴	80
명아주 지팡이	81
천궁과 천국	82
모딜리아니의 목선	84
들쑥날쑥	86
노아실크벨리 방주	88
어머니의 안부	90
화살나무	92
저절로	93
오빠 생각	94
민속촌 대장장이	96
진석 씨	98
소스라치다	100
그 대숲에 들고 싶다	102
함께 살아요	104
복땡이	106
폐를 나누다	108

4부 바라나시 인력거

S형, 잠시 잊었네	110
길 잃은 곶자왈	112
말벌이 들다	114
소통	116
바라나시 인력거	118
근로자 최수남 씨	120
돌의 중심	122
남아프리카공화국	124
다시, 이오니아해	126
곶	128
공중 도시	130
신이 된 돌들	132
죽은 소가 울거든	134
질경이 겨울나기	136
영국사 은행나무	137
절창	138
동박꽃의 동박새에 대한 기억	140

해설

사라져 가는 것들을 위하여 | 황정산(시인·문학평론가)

1부
마스크를 쓴 외계인

구계등 몽돌

썰물이든 밀물이든
몽돌은 저음의 염불이다

사랑한다 사랑한다 하면서
서로의 살을 깎는 일로
한생을 견디는

몽돌 위를 걸으면서
닮은 듯 닮지 않은
그들의 내력을 안다

오직
둥글어지기 위한 수련뿐인
수도승
저 많은 머리의 불자들……

감

벌거벗은 알몸이 눈부셨다

순응했다

감사했다

하루아침에 날벼락 같지만

한 잎도 거역 없이

소리 없이

알몸으로 입동立冬을 맞이한다

벚꽃, 물에 취하다

욕심이 거품처럼 넘치는
효촌저수지 벚나무들
제 그림자에 취해
물 쪽으로 날마다 기울어진다

비틀거리며
언덕을 내려가는 벚나무들
머리채 덥석
잡아 끌어들이는
물,
저 사나운 손

효촌저수지는
스스로에게 홀려
물의 제물이 되는

나르시스들이
봄마다 돌아와 죽는 곳이다

이승의 능선에서

명학산鳴鶴山 자락에
한 사람이 누워있다
자기를 밟고 가라는 그에게
사람들은 돌 하나씩 얹어준다

풍찬노숙風餐露宿의 세월
새소리 바람 소리가
그에게 입혀진 옷
잔돌의 둘레석도 부질없다며
학 한 마리 날아간다

이승의 사람이 그립소
가족이 없소
물어도 묵묵부답이던 그가
산을 오르는 내 뒤를 따라온다

죽은 노숙자와

산 노숙자가 두런두런

이승의 8부 능선을 걷고 있다

무명인 묘

북한군 148 2002.8.16.

무 명 인

경상북도 의성군 비안면

단 세 줄로 요약된 삶

해독할 수 없는 생사의 길에

카네이션 한 송이 얼어 있고

북한산 담배 한 개비 놓여있다

나라 위해 죽었지만

임진강변 적군의 땅에 묻혀

고향도

이름도 없는 북한군

북녘에서 날아온 쇠기러기 몇 마리

고향 소식을 전해주는지

그의 묘지를 돌며

꺽꺽거리다 날아간다

갈대와 억새

갈대와 억새가 매료* 찻집에 앉아
임진강 건너
북한 선전마을을 본다
물 건너가 아득한 것처럼
찻잔을 사이에 둔 마음들도 멀다

통일이라는 바람에는
함께 흔들리다가도
어느새 흡수통일과
적화통일로 나누어지는
갈대들은 강가로 돌아가고
억새들은 둔덕으로
총총히 돌아갈 것이다

* 임진강변에 있는 찻집 이름.

돌아가

숫돌과 칼날이 되어

소리를 높여댈 거다

자칫하면 서로의 마음을 벨 수도 있는

사람들

웃는 얼굴로 아메리카노를 마시고 있다

무기는 어디다 꽁꽁 감춰두었는지

임진강 개펄에 노을이 붉다

난무하는 낙지들

시펄이 난무하는 시장에서
개펄은 어디쯤인지
대야를 빠져나와 굄목 사이
팔방에 촉수를 뻗쳐보는데
찾아봐도 개펄은 모르겠고
두발짐승 왁자지껄 떠드는 소리

낙지다 낙지
낙지가 기어 나와요

아 시펄
굄목을 붙들고 늘어져 보지만
대야 속으로 기어이
뚝 떨어지고 만다
모두 탈출하고자
거품으로 모의를 해봐도

낙지들이 돌아갈 곳은 없다

세상은 어디나 할 거 없이

질펀한 개펄이지만

거미의 궁리

거미의 궁리는 오래 전부터 시작되었다

적벽대전의 제갈량 이전
바람조차 생각 못 하던 그때부터
거미는 5미터 길목을 찾아놓았다

소나무와 소나무 사이
줄을 늘이고 때를 기다리던
거미는 때맞춰 부는
마파람을 타고 훌쩍 날아오르고
순간 대들보 하나가
공중에서 반짝 휘어진다

바람 말고는

다 걸리게 설계된

거미집은 마침내 완성되고

조금 더 운명적으로

생을 마감하고 싶어 하는

나비와 잠자리는

기어이 그,

근사한 집으로 들어가더니

나오지 못하였다

마스크를 쓴 외계인

복면을 한 외계인들이 점점 늘어나
코맹맹이 말을 하는
외계인들은 눈이 곧 입이지
눈으로 말을 하고
눈으로 사랑하고
키스란 말은 곧 없어질 거야
마스크를 쓴 사람들이
마스크를 사려고 긴 줄로 서 있어
서로를 멀리해야
살아남을 수 있는 거리에서
무표정들은
손에 든 마스크 두 장에 안도하지
어느새 인연들은 점점
낯선 타인이 되어가고
입국 금지 출입 제한
억센 말들이 오고가는 사이

틈은 더 벌어져

우리라는 말도 없어질 거야

눈빛으로만 표정을 읽어야 하니

웃는지 우는지 사랑하는지

해어화 解語花*

가볍게 입고 나가자

속살이 보일 듯 말듯, 어떠랴

바람에 나부끼거나

에스컬레이터를 탈 때

치맛단이 올라오면

눈을 내리깔자

머플러 사이로 가슴이 보이면

손으로 살짝 가릴까

립스틱이 야해서

시아버지가 걱정되지만

죽으라면 죽지 뭐

흔적 없이 사라지는 거야

핏자국도 남기지 말고

하르르 지고 말지

* '말을 알아듣는 꽃'이라는 뜻으로 아름다운 여자를 이르는 말. 중국 당나라 때에 현종이 양귀비를 가리켜 말했다는 데서 유래한다.

쥐방울

쥐방울만 한 게 까분다고
보기나 했어?
말방울은 볼 수 있어도
쥐방울은 결코 못 보거든
바람이 흔들 때는 이미
쥐방울 씨앗이 뛰어내린 다음이니까
명주꼬리나방에게만 몸을 허락한다나
잘 펴진 낙하산 같은 씨방
프란츠 라이켈트가
에펠탑에서 뛰어내리기 전
쥐방울 열매를 봤다면
죽지 않았을지도 몰라
일찍 열려서 잘 펴진 낙하산
내년에 다시 큰 나무에 올라
숲을 점령할 거야

접으세요

최대한 접으세요

미리 접어야죠

우산을 펴지 마세요

그땐 이미 늦어요

행사도 파라솔도

산도 들판도 다 접으세요

접다 보면 꽃이 떨어질 수 있어요

그래도 접으세요

접히지 않으면 구멍이라도 내세요

링링*은 장난꾸러기죠

비와 바람을 들고 타원을 그리며

우리에게 덤벼요

* 2019년 9월 7일~8일 사이 한반도를 관통한 중형급 태풍.

몸집을 불러서 맞서지 마세요

해바라기도 몸을 움츠리라 하세요

욕심도 접어 안주머니에 넣어요

접으면 또 밝은 세상이 와요

까치들의 이브

까톡까톡까톡 까치들이 날아든다

상수리나무 위 까치들이 모였다
몇몇은 친구를 부르러 왔다 갔다
이십여 마리가 요란을 떤다

X-마스 카드가 부도수표처럼 날린다
커피도 치맥도 카톡으로
헛배 부르고 술 취한다

까치들 일제히 날아간다
오순도순 자자손손
까치 소리로 회색 하늘이 환하다

먹고 마시고 섹스하고

침대 옆에 깍깍대는

핸드폰이 바쁜 이브

징글벨 소리가 징글징글한

걸으며 사색하기

OECD국가 중에서

1위를 한 것이 한둘이 아니야

열정과 빠름이 가난을 면하게는 했지만

일사불란과 획일주의를 덤으로 가져왔지

대~한민국

빠름~ 빠름~

오빤 강남스타일!

남들이 달리니까 나도 달렸고

정신 주머니가 터져서

새는 줄도 몰랐던 거야

가속 페달을 계속 밟아야 할지

말지가 고민, 이러다

브레이크가 말을 안 들을까 봐 걱정이네

이제부터는 열정을 감정으로

냉정함을 이성으로 바꿔야겠어

소요학파처럼 공자 장자 노자처럼

요즘 트렌드가 힐링healing인데

빠름을 천천히로 고쳐볼까 싶기도 해

그렇지 않음

삐짐~ 삐짐~

훅 불면 간다

"깜빡하면 가게 돼"
영화 '글로리아 벨'에서
노모가 중년 딸에게 하는 말이다

흑해 지나고
남은 비행시간은 한 시간 삼십 분

깜빡하면 가는걸
모르는 사람은 없으나

영원히 살 것처럼
사람들은 안전띠 대신에
책을 펴고
공항에 마중 나와 있을
애인의 빨간 입술을 떠올린다

백 년을 살아도

깜빡하면 가버리는 우리의 시간

훅 불면 가는 것이 인생

낙엽은 하늘로 오른다

한 철 이 땅에서 즐거웠다며

몸은 땅의 자양이 되고

혼은 하늘로 오르며 타오른다

나뭇가지가 낙엽을 놓아줄 때

혼을 보내는

나무와 낙엽 사이 의식

가슴을 서리 맞추고 말리면

비워지고 가벼워져서

하늘로 오를 수 있는지

명학鳴鶴 봉서鳳棲 심학산尋鶴山에서

학과 봉황은 감악산紺岳山을 거슬러

낙엽은 하늘로 오른다

한 번도 물들어보지 못한 나는

산에서 내려오며 휘청

땅과 하늘이 내리는 은혜에

낙엽은 조응하여 춤을 추고

내 마음 허공에 팔랑인다

대야 속 꽃게들

주인이 꽃게 한 마리를 들자

서로 물고 물려 따라온다

고무 대야에 꽃게들이 발버둥

먹이를 주워 먹던 집게는

무기가 되어 서로를 물고 있다

서로 머리와 어깨를 딛고 일어선다

지금은 수꽃게가 제철

힘센 꽃게들이 집게를 겨누지만

모두 일어서지 못하고 대야에 갇혀있다

서로 물고 뜯는 아수라장 세상

사회적 거리 두기를 할 수 없는 대야 속

화난 꽃게들은 거품만 물고 있다

한 마리가 집게를 높이 들고 탈출하려 하자

다른 꽃게가 집게를 문다

모두 포기했는지 거품만 낼 뿐 조용하다

코로나로 한산해진 소래포구

게들의 전쟁을 아는 듯 모르는 듯

구름도 거리 두고 흘러가는데

어물전 아주머니 턱스크를 쓰고 악다구니다

마스크를 쓰고 눈으로 통하는데

게거품 물고 싸워봐야

대야 속 지구도 악다구니다

걷고 또 걸어서

걸으면서 보이는 것들 눈 맞춘다

코로나 이후 입은 사라졌다

달빛도 물빛도 불빛도

어둠을 눈뜨게 한다

쑥부쟁이 구절초 개미취

빛을 받아 색을 만든다

입을 막고 사는 나를 보란 듯이

그들은 색색이 가을로 여물고 있다

바쁘게 걸어가는 나에게

제 자리에 꽃피는 자기를 보라며

제발 멈추던지 좀 천천히 가라 한다

고개를 끄덕이며 걷는다

궁리가 없고 시절인연이 없더라도

걷고 또 걸어가면 길이 보일지

성을 쌓는 자 망하고 길을 내는 자 흥한다*

*돌궐 명장 톤유쿠크의 말.

가을이 가고 겨울이 와도 또 봄이 와도

산속에 난 다람쥐 고라니 길처럼

저게 길이냐고 비웃어도

보이는 것마다 눈 맞추며

걷고 또 걸어서

2부
잔소리 없는 여자가 좋다

비닐의 초서草書

비닐 조각이
온몸으로 휘갈겨 글을 쓴다

격정적으로
붓을
내두르며

지붕을 뚫고 나온
못이
노리고 노리다가
느닷없이
비닐을 낚아챈다

순간
뱀의 혀처럼
갈라지는 붓끝

환귀어지還歸於地

초서로 휘갈긴 글을

나는 가까스로 읽어낸다

바람은 어디로 갔을까

바람을 거역해 본 적 없는
바람자루가
삭풍의 계절에도
마냥 게으름을 피우고 있다

세상도 역시 그러하다
온건과 급진
따뜻한 것과 찬 것이 만나
바람을 일으켜야 하는데도
잠잠하니

바람의 향방을 도무지 알 수가 없다
향기도 없고
율동도 없고

축 처진 바람자루들이

서로

흘끔 흘끔거릴 뿐이다

힘 빼기

운전도

붓글씨도

골프도

팔에 들어있는

힘을 빼야 잘 된다니

노가다 판에서 팔에 힘을 쓰고 나면

용접이 잘되지 않아

회 뜨는 일도 힘이 들어가면

두 접시 만들 회가

한 접시 밖에 나오지 않아

목에 힘주지 않기

돈에 힘주지 않기

욕심에 힘주지 않기

세상살이

힘주어서 되는 일이라고는 하나도 없다

그물 짜는 여자

바다에 남편을 바친 여자는
그물 짜는 일로 두 아들을 기른다 했다
남편 살아있을 때는
자칭
포구의 인어이기도 했다는
여자는 그물 짜는 것 말고는
다 잊고 산다고 했다

지가 영덕이 각시라요
키가 크고 심이 쎘지라이
다른 배는 다 들어오는디 안 옵디다
노록도 앞바다라 합디다
땅도 업씅께 바다에 묻쳤능 갑소

에티오피아 여자처럼 검은 얼굴에

보이지 않을 정도로 빠른 손놀림

한 코 두 코 세월을 얽어내던

여자는

운명이라는 그물코에 걸려

꽃게처럼 파닥거리며

사는 중이라 했다

벚꽃잎 날리네

마스크 여며 쓰고 꽃비 맞으러 가네

벚꽃,
떨어지는 꽃잎을 팔자걸음으로 따라가는데
아직도 생생한 꽃잎을 바람이
우르르르
6년 전의 바다로 데리고 가네

물속에서 빙빙 도는
수학여행을 가다가 만
그 꽃잎들

꽃에 취해 깔깔거리는 저 젊은이들
그날의 바다를 기억이나 할까 몰라
6년 전 그날의 아이들처럼
마스크를 쓰고 있는

잔설

춥고 어두운 그늘에 남아
톱니 다 문드러지도록
먼지 뒤집어쓰고 있는

잔설은 잔소리가 아니다

마지막 눈물
한 방울까지 짜내어
노루귀 복수초 변산바람꽃에
젖을 먹일

잔설은 아직
할 일이 남아
떠나지를 못하고 있다

한 알의 자두가 땅에 떨어져 죽지 않으면

서성이는 사연 알 길 없다

몸을 숨기고 내민 얼굴

덕혜옹주다

낙선재 앞 숲에 자두 한 알 붉다

녹색 장옷을 걸치고

이씨李氏인 걸로 보아

복녕당 아기씨 맞다

떠날 때 그 모습으로

서성이는 아기씨

양덕혜가 아니고 이덕혜

열네 살 소녀 그대로였다

부복을 할까

절을 올릴까

망설이다 목례만 하고 돌아서는데

귓전을 맴도는 말씀

*「낙선재에 오래 살고 싶어요

전하, 비 전하 보고 싶습니다

대한민국 우리나라」

* 덕혜옹주가 남긴 말

잔소리 없는 여자가 좋다

한 침실에 있는 두 여자
이 여자는 아들을 낳은 여자이고
저 여자는 잠을 재워주는 여자
이 여자는 밤마다 변하지만
저 여자는 변함이 없지
이 여자는 잠을 못 자게 하여도
잔소리는 오히려 수면제 역할을 하지
이 여자와 다투고 돌아누울 때
옛 애인이 생각날 때
저 여자는 내가 생각하는 사람이 되어주지
이 여자가 싫으면
저 여자 쪽으로 누우면 그만
두 여자가 나란히 누울 때도 있는데
이 여자가 저 여자를 깔고 뭉개지
두 여자를 평생 데리고 사는
내 침실은 그래서 편안하지

두 여자는 서로 알면서도 다투지 않아

이 여자도 꼭 있어야 하고

저 여자도 꼭 있어야 하거든

우리 성姓을 갈자고

의연한 척하는 당신 몸을 보네
감추고 있던 가시가 다 보이네
철이 없어, 시절도 몰라
장미라는 이름으로
마저 피기를 바라네

유비와 관우 이야기 들려주던
큰아버지가 지어준 이름이
만청晩靑 늦푸름이지
군대 가기 전 애인이 있었어
헤어진 후 장가 안 가겠다고 버티다
늦장가 들었어
학교도 늦게 다녔지

더 피고 싶다는 거 알아

입술은 웃고 있어도

자네와 나는 늦자 성을 가졌어

늦으면 안 되는 세상이야

이제 피어서 어쩌려나

된서리가 언제 올지 몰라

난 만청滿靑으로 바꿀까 하네만

큰바람 불고

큰바람 지나간 아침

마당 가득 흩어놓은 아카시아

푸른 피 냄새가 자욱하다

장맛 보느라

장독 뚜껑을 저만치 던져놓았고

바람은 게으른 나한테 분갈이 시키느라

화분 몇 개를 홀랑 엎어놓았다

목이 꺾인 해바라기는

아직도 겁에 질린 표정으로

바람의 방향을 가리키고 있다

벚나무 한 그루는

앞 동네로 가는 길을

요지부동으로 막아섰고,

제자리를 떠난 것들이

새벽 술상처럼 어지러운 아침

빗자루를 들고 마당을 쓸자

그제야

새들이 돌아와 하루를 연다

그·러·려·니

몇십 년 살았는지 나이는 몰라

가슴에 혹이 나고

구멍이 뚫려

바람 무시로 지나가도

그·러·려·니

가마우지가 잡아 올린

잉어를 보고도

상류를 거스르는

하류 바람이 일으키는

윤슬을 보고도

그·러·려·니

가슴 바싹바싹 타들어 가던

그때를 잊었는지

효촌저수지 느티나무

늘

그·러·려·니

신천지

 햇볕 좋은 날 신들을 모조리 끄집어낸다 아무래도 신을 너무 많이 모신 것 같아

 언제 적 건지도 모르는 축구화, 일산 영어 학원까지 나를 데려다주던 랜드로바, 삼 년씩이나 내 소금물을 받아 먹었던 헬스 운동화, 벙커와 숲으로 빠진 실력을 속속들이 알고 있을 골프화, 누군가를 굽어보았을 것이 뻔한 굽 높은 신발, 무법자처럼 기고만장하게 도시를 누볐을 부츠, 액세서리가 떨어져 나간 것도 있다

 하나하나 골라내어 영원한 안식에 들게 하고 싶다는 마음이 수시로 변한다 아직은 쓸 만하다며 골라내다가,

 주여 신천지 세상을 정리하는 지혜를 주옵소서

겨울 장미에게

이 겨울에 웬일인가

다른 이들은 올 때 왔는데

그대는 왜 이제야 온 거야

화장도 안 받는 얼굴에

립스틱은 왜 그렇게 진하나

당신의 뜨거운 마음은 알겠는데

다 때가 있지 않겠나

차라리 오지 않았더라면

젊은 시절의 그대가 그리울 텐데

아쉽지만 우리

봄이 오거든 다시 만나세

감기 들지 않게

꽃눈 잎눈 꼭꼭 싸매고

잘 가시게

문산천*

문산천 하루가 얼레에 감긴다

서쪽 바다로 떨어지는 해에

문산천이 줄을 매달아 당기는 시간

경의중앙선 전철은

줄아위**에서 손을 흔들고

화력발전소 연기도 끌고 가

어울렁더울렁 임진강을 만난다

하늘도

구름도

기러기 떼도

---

* 파주시 광탄면과 양주시 백석읍의 꾀꼬리봉(425m)에서 발원하여 서쪽으로 흘러 임진강에 합류하는 하천.
** 파주읍 봉암1리 지명.

문산천 물거울을 들여다보며

매무새를 가다듬고 지나간다

봉암, 아가메 들판 다 먹여 살리고

흐르다

쉬다

또 흐르는

윤관장군의 독백
— 파평윤씨와 청송심씨의 묘 송사訟事

　나는 오백오십 년 동안 혼자였다 세상 돌아가는 일이 궁금했다 여진족은 행패는 부리지 않는지 후손들은 잘 살고 있는지 영의정 심지원이 옆으로 와서 새 왕조의 얘기를 듣고 싶으나 무슨 연유인지 묵묵부답이다

　산속에 나 혼자 두고 연산이 한번 사냥한 후 사람들은 백삼십 년 동안 오지 않다가 처족이 가까이 왔으니 반가움은 이루 말할 수 없다

　그까짓 돌덩이 치우면 어떻고 깨진들 무슨 상관인가? 모두가 한 백성 아니던가

　사백 년 같이 있던 심지원을 후손들이 떼어 놓았다 치적을 갑론을박하다가 새 왕조가 들어서고 벌초도 하지 않던 후손들이 절을 하나 여진을 당하지 못하는 지지리도 못난 내 백성들이다

박새 딱새 황조롱이 참새가 무시로 놀러온다 오늘은 멀리 후투티가 놀러왔다 방아깨비 사마귀는 자주 뛴다 귀화한 돼지풀은 무성한데 심지원은 멀어졌구나

공평하게

눈이 조용히 내렸다
누구라고 피하지도
더 많이 내려주지도 않고
똑같이 내렸다

뾰쪽하면 작게
평평하면 많이 받았다

화살나무는 화살나무대로
철쭉은 철쭉대로

마른 수국 꽃봉오리에도
억새꽃 위에도
베어진 그루터기는 덧나지 않게
생사를 구분하지 않았다

소복 사뿐히 내려주었다

눈을 받지 못한 것은
강아지와 나였다

돌에 핀 꽃

망해사 앞 오동나무

푸른 꽃자리

지는 해 바라보다

요령 흔들며 합장한다

내일 다시 떠 달라

절이 절하니

낙서전 팽나무나 오동나무 모두

함께 절하는 것인데

고군산열도를 가로지르며

진국 스님 다시 오시나

해가림하고 보지만

기실 만경강에 흘러드는

세상 소리만 요란하다

사람들아

스님이 굴 하나 따 먹었다 하여

육식을 했다 시비하지 마라

굴이 아니라 돌에 핀 꽃이 아니더냐

오동이 흔드는 요령 소리 들으며

합장하고 절을 올리면

지던 해가 멈추리라

고향이라는 곳

고향에 왔다 낯선 것이라고는 없다 다만 낯선 사람들이 많다 낯선 얼굴들과 외국인들도 많았다 길가에 파릇한 풀들도, 말라가는 생선들도 아는 체를 했다 파도는 춤까지 추면서 반가워했다 몇 안 되는 일가친척과 어른들은 어머니의 안부를 물었다 받은 선물로 차가 굴러갈지 걱정된다 나는 고작해야 음료수나 한 상자씩 돌렸다 여기도 코로나 때문에 동네 노인정은 닫혀있다 일정을 조정해야 했다 만나야 할 사람과 만나러 오는 사람들은 자꾸 불어난다 역시 고향은 좋다 문중 일을 보니 돌아가신 조상님들까지 다 반기신다 구 호적 제적등본에는 모르는 분들도 나와서 악수를 청하신다 이래서 고향이라 하나보다 우리 세대 이후 사라질 고향, 아직은 따뜻했다.

3부
폐를 나누다

아무렴 어떠랴

이른 새벽
아내를 깨우지 않으려고
더듬더듬 겉옷을
꺼내 입고 방을 나왔다
왠지
옷이 낀다는 생각을 하면서

내 방 책상에 앉아
몰골을 보니
아내 속에 내가 들어가 있다

아무렴 어떠랴
그러려니 책을 본다
내 뼈와 살을
깎고 다듬어 평생
깃들어 사는 여자인 것을

명아주 지팡이

한갓 풀이었던 명아주가
어머니를 업고 다니기도 하고
어머니의 손발이 되어준다
대추를 후려칠 때나
풀섶 대추를 찾아낼 때
도둑고양이를 쫓을 때나
볏짚 속에 어린 상추 싹을 볼 때도
명아주는 어머니의 손 대신이다
어머니가 휘청거릴 때면
같이 휘청, 휘청거리는
낭창낭창하지만
꺾어지거나 쓰러지지 않는
명아주 지팡이는 언제나
어머니에게 고분고분한 몸종이다

천궁과 천국

천궁이 뭐에 좋다냐
천궁을 천국으로 알아들은 나는
천국은 날씨도 좋고
꽃도 많이 피고
좋은 과일도 많다며
대꾸한다

창출을 달여 드시는 어머니
창출을 달라고 했는데
비슷한 천궁을 주었나 보다
천궁도 궁금하나
나는 그보다 천국이 더 궁금하다

천궁과 천국이 같이 노는 아침
천궁이나 천국이나
우리 부부가 동문서답에 웃자

귀 어두운 어머니는

우리를 보고 웃으신다

천궁에 천국을 넣어 달인 아침

끓는 소리가 향기롭다

모딜리아니의 목선

나 팔 아픈께 부항 좀 떠주라
어머니는 부항 뜰 자리 그려서 짚어준다
그림은 잔느의 목선
어머니는 그 긴 목을 감추고 살았다
한복이 잘 어울렸던
거울 앞에 앉은 어머니를 보면
어머니에게 장가들고 싶었다
한 여학생이 좋아했을 때도
어머니를 두고 장가갈 수 없었다
모딜리아니의 잔느 사랑보다
변하지 않는 내 사랑이다

층층시하
두부와 생선을 이고 팔러 다녔던
여섯 자매가 매달려 무너져 내린
구십이 세 어머니

목 어깨가 아프다고 하신다

어느 쪽으로 누워도 아프다며

침대에 기댄 채

자다가 깨다가, 겨우

잠드신 어머니를 두고 밖으로 나왔다

달무리가 소나무 목에 부항을 뜨고 있다

들쑥날쑥

동란 때 죽창에 찔린 이모
짙은 쑥을 바르고 살았다며
혼잣말을 척척 찧어 얹으면
집안이 온통 쑥 향이었다
보리가 익기 전
아카시아 향기와 뻐꾸기 소리가 들어있는
그 부드러운 쑥이라야 한다는

어깨 허리 무릎 팔
안 아픈 데가 없으시다는
어머니를 뒤뜰 공터의 쑥이 불러냈다
이번엔 아무도 안 주고 나만 먹겠다는
어머니의 거짓말도 벌써 세 번째
올봄에도
우리 집 쑥 향기는 곳곳으로 퍼져나갔다

들쑥날쑥

이미 쑥대를 세우기 시작했지만

들쑥날쑥

사는 일도 종잡을 길 없기는 하나

웅녀와 육 남매 키운

향기는 변하지 않아

어머니는 오늘도

쑥물이 까맣게 든 손을 흔들며

뒤뜰로 나가신다

노아실크벨리 방주

여주시 가남읍 신대동길 2-41
양지 바른 곳에 앉아 계시던
94세 은동 숙모는
한참 만에 어머니와 우리를 알아보셨다
배고픈 시절과 시집살이는 다 잊고
처음 쪽머리를 자르고 파마하던 일이
가슴에 사무쳤을까
어머니는 그날 일을 끄집어냈다
시어머니 상을 당하여
머리 풀어헤치고 곡을 해야 하는데
파마한 머리로 곡을 하려니
곡소리가 짧은 머리처럼 끊어지더라고
고향 집 비웠으니
헛간에 손때 묻은 호미만 매달려있겠다며
숙모와 어머니는 손을 맞잡은 채
고향의 산과 들판 곳곳을 헤매신다

땔나무 하러 한동산 너머 은동 친정집 근처
들어가지 못하고 허기진 채 돌아왔던
이야기가 실타래로 풀어질 무렵
어머니는 자리를 털고 일어났지만
다시 오겠다는 말씀은 하지 않으셨다
차에서 점점 멀어지는 그곳
어머니는 한참이나 뒤를 돌아보셨다
황금들녘 한복판에 혼자 떠내려가는
노아실크밸리 방주方舟

어머니의 안부

어머니 핸드폰에는
이름이 궁금한 사람들이
일렬로 단축되어 있다
잘 있냐
어디 아픈 데는 없냐
공짜 전철 문산역에서 대곡역
바람 한번 쐬고 오겠다며
벼르기만 하시고
가까운 동생네도 힘이 없어 못 가시는 어머니
뭐 하러 자꾸 전화하세요
짜증 소리 귓등으로 흘리시며
그냥 심심혀서 했다
장동 정태 마누라가 죽었다냐
아무도 관심 갖지 않은
먼 시골 소식도
젊은 사람보다 먼저 안다

무심하다며 관심 없다며

화를 내시다 토라지다가

색다른 음식이 있으면

느그 형 오라 해라

느그 동생도 오라 해라

나 죽거들랑 어쩌튼

오남매 우애 있게 살아야 한다고

당부하신다

화살나무

암을 앓는

아우에게 좋다고 해서

베어 주려 했는데

아우는 훌쩍 떠나고

화살나무는

마당 한쪽을 여전히 지키고 있다

봄이면 한 바구니씩

새순을 내주고

가을이면 활활 타올라

새들이 이산 저산으로

불씨 나르기도 하는

형님 나 이렇게 뜨겁게 잘 살고 있소

늠름한 자세가 영락없이

삼국지의 여포를 닮은 내 아우 같다

화살이란 화살

모두 날아와 내 심장에 꽂히는

지금에서야 문득 그렇다

저절로

도시에서만 살던 누이가
부엌 유리창 너머 묵정밭에
환한 개망초꽃을 보고
오빠가 저 꽃을
다 심은 거냐고 묻는다

글쎄
저 혼자 피었지

시계 소리만 들었던 누이를 위해
포플러 꼭대기의 뻐꾸기가
시간도 맞지 않는 울음을
온종일 운다

오빠 생각

둘째 누이 경순이
스물셋에 기술을 배워 취직했다가
비 온 날 자취방에서 연탄가스로 세상을 떠났다
부모님에게 석 달 동안 알리지 못했다

그 애 흔적을 다 태워 하늘로 보냈다
군대 있을 때 보내온 편지에
오빠가 보고 싶으면
'오빠 생각'을 부른다고 했다
가족들은 경순이 얘기는 꺼내지 않는다

어머니 방 액자에 경순이 사진이 꽂혀있다
어디서 사진을 구했는지 묻지 않는다

탁란托卵한 뻐꾸기가 운다

저놈이 왜 울어싼다냐

지팡이로 몸을 가누며

소만小滿을 헤아리는 어머니

뻐꾸기가 아카시아 향기를 쏟고 있다

민속촌 대장장이

풀무질 소리에 불꽃이 춤을 추던

자진모리, 휘모리장단

함박산에 부딪쳐 회산으로 봄을 불러들이던

장동 대장장이는 어디로 가고

낯선 대장장이가 호미와 낫을 벼르고 있나

학교로 가는

길목에서 불꽃을 튀기던 대장간

절름발이 대장장이를

우리는 딱쇠 아재라 불렀었지

어른들은 딱쇠라 하고

쇠를 워낙에 떡 주무르듯 했으니까

쇠로는 못 만드는 것이 없으면서도

아내만큼은 어쩌지 못했던 그

봄바람을 따라 홀연히

아내가 사라진 뒤로

딱쇠 아재 혼자 세월을 두들겨댔지

캄캄하게 불 꺼졌던

산마다 붉은 꽃

활활 타는 용광로로 만들곤 했어

진석 씨

월촌越寸은 했지만
한 동네 조카뻘 되는 아저씨는
반반하게 생긴 마누라가 집을 나가자
큰딸 순애부터 내리 여섯이나 되는
아이들을 혼자 돌보면서 살았다
동네잔치와 제사에는 아이들
업고 걸리면서 모두 데리고 다녔으니
시향時享 봉작奉酌을 할 때의 정성은
조상이 머리를 쓰다듬어 줄 법도 했다
소낙비가 내리던 밤이면
큰딸을 안고
추내야 추내야 비가 억추같이 초다진다
혀 짧은 소리로
가버린 마누라를 불러대기도 하였는데,
그러면 빗발이 한층 거칠어지기도 했다
내게는 아재라며 언제나 공대를 하던

그가 고향을 떠나

인천 만수동에서 몇 해 살다가

세상을 등졌다는 소식이 빗물에 젖는다

소스라치다

토종마늘 두 단에 만원!

의성마늘이요!

때글때글한 육쪽마늘

마늘이요 마늘!

마이크 소리는 여섯 쪽으로

쪽쪽 쪼개지고 있지만

차에 널브러진 마늘은

객지 잠을 여러 날 잔 듯 시들시들했다

남의 눈에 거슬리거나 말거나

통마늘 모자를 푹 눌러쓰고

뻑뻑 담배를 피워대던

연기가 매워 그제야

마늘장사 얼굴을 들여다봤던

나는 그만 소스라쳤다

은행지점장을 하다가

주식을 해서 돈을 왕창 벌었다는

태식이……

그 태식이었다

그 대숲에 들고 싶다

양파와 감자가 담겨 있는

대바구니를 무심코 보다가

머리가 대바구니처럼 큰 아재가 생각났다

큰 덩치에 어울리지 않게 솜씨가 빼어났던

너털웃음도 대바구니 같던 양반이었지

자기가 죽으면 엮어줄 사람 없다며

지문 닳도록 씨줄과 날줄로 세워서 만든

조릿대 바구니를

고향 떠나는 소달구지에 대롱대롱 매달아 줬어

바람 부는 날이면

노록도 갈매기와 파도 소리를 내기도 하는

자네 고향 떠나 살더니

가족 모두 편안하고

이웃들과 오손도손

씨줄과 날줄은 잘 엮었는가

그 양반의 너털웃음소리가

문득 나한테 묻고 있네

함께 살아요

나는 일도 없이 두리번거린다
사람들이 오가는 길에서
혹시나 그를 만나지 않을까
지름길을 놔두고 더 돌아서 가며
나뭇잎 몇 장이 흔들리는 걸 보다
발에 밟히는 낙엽을 보다
뒷모습이 비슷한 사람을 따라가 봐도
그와 마주친 적은 없다
우리가 함께 사는 곳이라
내 발자국 위에
그의 발자국

옷깃만 스쳐도 인연이라는데
나와 그 사이
몇 겹의 인연이었을까

어제도

오늘도

발자국 겹치기 하며

그 위에 무수히 밟혔을

엇나간 눈길을 잡아보는 심사란

복땍이

벚나무 등걸에서 무등을 타고

애기똥풀꽃은 똥방아 찧는 중

허리가 젖혀질까 추스르다

벚나무 허리도 구부러지고

더 좋아라 뒤로 젖히는 애기

복땍아 복땍아

복덕인지 복득인지

새집 할매 목소리는 아스라이 들리고

벚나무는 포대기 끈을 잡고 안절부절이다

약간 모자라 복땍이

새집 동생들 업어 키우는

더부살이로 사는 누나

벚나무는 애기똥풀 업고 쩔쩔맨다

애기는 배가 고픈지 칭얼대는데

포대기 띠는 질질 끌리고

애기 업은 손 때문에 코홀쩍이며

젖 먹이러 가는 길

폐를 나누다

폐결핵 앓은 흔적 나누어 가진 형

흔적 지우기 위해 화장장으로 간다

기침으로 객담과 피를 토할 때

핏물 든 수건을 빨면서 함께 살았다

그러는 사이 내게로 옮겨왔던 결핵균

숨 가쁘게 사느라 젊은 날에는 몰랐는데

결핵을 앓은 흔적이 있다고 한다

석회화된 가슴으로 들어와 사는 형

며칠 전 안부가 폐부의 소리였을까

척추 수술 한자 교육 자격증

정년퇴직하고 재활을 위한 준비들

한 줌의 재는 모든 영욕을 합한 회색이다

불 속으로 들어가지 못한 한쪽 가슴

더 오랜 호흡을 하고 싶어

헐떡거리며 산길을 오른다

4부
바라나시 인력거

S형, 잠시 잊었네

못에 찔린
허벅지에서 피가 흐른다
아우, 그렇게 살면 안 되네
살을 찌르며 찾아온 형

새가 우는가
닭이 우는가 하고 살다
고장 난 곳 고장 날 곳
꼼꼼하게도 손봐주던
여기도 못 하나 쳐야 한다며
망치질을 하던

그는 저승에서도 바쁠까?
바쁘다 하면서도
틈내어 달려와 주던
그가 못을 시켜 안부를 묻는다

S형

기왕지사 오셨으니

두부김치에 막걸리 한잔 합시다

길 잃은 곶자왈

어디서 오셨나요
한꺼번에 묻는
숲속 연못
새들의 소리를 듣다가
내려가는 길을 잃었다

때까치가 동쪽을 가리켰으나
말이 많은 것 같아
딱새의 말대로
남쪽으로 갔더니

연못이 있는 곳으로 되돌아왔다

어이없어하는 박새의 말을 따라
이번엔 동쪽을 내려가니
저녁이 길을 지우기 시작하였고

빗방울까지
후둑거렸다

결국 나는 연못에서
한 발자국도
벗어나지 못하고 있었다

어둠은 밀려오는데

말벌이 들다

이른 봄날

말벌 한 마리 베란다 창문에 붙어있다

화분이래야

힘들게 겨울을 건너온

한련화 부겐베리아 제라늄 호접란

독을 만들 거리도 없을 텐데

내보내 줄까

그랬다가 나가서 죽으면

녀석의 생사를 점칠 수가 없어서

조금 더

두고 보고자 하는데

뜻밖에도

내가 말벌이 된다

날개조차 제대로 펴지 못했던

봄도 봄이 아니었던

그 시절의 내가

소통

며칠째 꺽꺽거리던

세면대가 드디어 꽉 막혀버렸다

구부린 철사로 헤집었으나

허사, 뜯어내고서야

한 주먹의 머리카락을 끄집어냈다

이런 불통은 한두 올의

머리카락으로부터 비롯되었을 테지

거기에 걸리고

또 걸리다가

완전 불통이 되었을 테지

아내와 나 사이가 그런 것처럼

몇 시간을 끙끙거리고서야

세면대거나

부부이거나

꽉 막히기 전에 뚫어야 한다는

말씀 하나를 어렵사리 얻어 갖는다

바라나시 인력거

자전거 릭샤*로 갠지스강을 가는 길

복사뼈가 복숭아만 하던 청년

종아리 근육이 움직이자

자전거 바퀴도 불끈 굵어졌다

사람과 차와 릭샤의 소리가

뒤엉켜 분해가 안 되는 곳

경적과 호루라기 소리 사이로

묘기 부리듯 정글을 빠져나가던

그는 검은 피부의 불가촉천민이었다

사람과 동물을 경배하는 나라에서

강아지보다도 못한 취급을 받던 릭샤

*인력거

송아지에게 젖을 물리고

인파 속에서 태연하던

소들을 피해 곡예를 하듯이 언덕을 올라가던

릭샤의 자전거 소리를

나는 지금도 듣고 있다

갠지스 강변에 모인 이들의 기도보다

열 배는 간절하던

그의 기도 소리이기도 했다

근로자 최수남 씨

남아프리카 항공기 내

Would you like chicken or beef?

승무원이 질문을 하자

얼굴이 까만 한국인이

카트를 가리키며

아무거나 주슈 한다

사십여 일간 남아공에 가서

사천 톤급

배를 수선하고 귀국한다는

최수남 씨는

땡볕 아래서 땜질만 했다고 한다

검은 열기

그리운 가족을 참고 참다가

수리한 어선이 출항할 때는

눈물까지 훔쳤다는

최수남 씨는

각국 언어가 뒤엉키는 비행기 안에서

손짓 발짓으로

겨우겨우 쓸 말을 땜질했다

용접에는 프로라는 그가

언어를 땜질하고 있다

돌의 중심

독도 가는 배를 기다리는 동안
용암이 끓어 굳어진 돌을 만지다가
도동항 해변
산책로에서 돌탑을 쌓는다

그러나 와르르 무너지는
돌은 서로
중심을 내주지 않는다

한번 뜨거워지면
오래도록 식지 않는

한때는 불이었던 사랑 위에
감히
내 무거운 마음을 얹으려 했다니

파도의 몸짓처럼

부질없는

마음 몇 점

돌 위에

얹다가 말고 돌아선다

남아프리카공화국

넬슨 만델라의 나라
그들은 제 땅에
들어온 백인을 탓하지 않고 어울렸다
이슈마로 두베, 타바이 부베, 팀바 스완나, 드록 모유

알록달록한 이름으로
언뜻 보면 사람과 그림자가
어울려 춤을 추며 노래를 하는 듯했다

나는 눈과 귀가 멀었는데
뱀이 지나가는 소리
사자가 숨어있는 자리까지도 찾아내는
별자리처럼 영혼이 맑은 사람들

목각인형을 파는 두베에게
모자를 벗어주었다

그것을 넙죽 받아

곱슬머리에 얹고 환하게 웃던 그,

두툼한 입술 속에서 빛나던

두베의 치아가

오늘 밤엔 문득 상현달로 떠오른다

다시, 이오니아해

파도가 덤비는 걸로 보아 밀물이다
파도와 나 사이
사랑에 빠지지 않을 만큼 거리로
걸으며 하늘을 본다
조약돌이 은하수로 빛나는

별을 삼킨 조약돌 하나 집어 들었다
에페소에서 굴러 별이 된,
파도와 같이 통성기도를 한다
요한과 바울도 조약돌에서 나와
함께 기도를 한다
요한의 계시가 은유적이지만
코린토와 에페소의 싸움에
사도바울은 눈물을 흘렸을 것

별이 들어간 내 눈이 밝아졌다

이오니아 문명은 새벽에 깨어

밀물로 왔다가 썰물로 빠지는 문명 앞에

믿음 소망 사랑이 철썩인다

곶

플라잉 더치맨*이 침몰한

이 곶을 지나려면 결혼식을 해야 한다

태평양과 대서양은 손을 내밀어

차갑게 악수를 나누고

토라져 바람을 일으키는 곳

파도가 결혼을 부추기고

바람은 모자를 벗겨 바다에 던진다

물길 외에는 길이 없던 시절

디아스는 이 곶을 희망봉이라 했다

테이블마운틴은 면사포를 쓰고

프로테아꽃을 들었다

잔치는 늘 열린다

---

* 1641년 네덜란드 암스테르담을 출항해 인도로 가려다가 희망봉 근처에서 침몰한 네덜란드 배의 이름

배들이 내려놓은 와인통에는

술이 가득

미역들은 검은 꽃술로 환호를 한다

따뜻한 것과 차가운 것이 만나

혼인을 원한다면 이곳으로 오라

넬슨 만델라가 주례를 서 줄 것이다

공중 도시

서까래가 있던 자리

늙은 돌 아직도 허공을 쥐고 있다

행간에 읽히는 긴 서까래

갈대의 이엉이 따뜻했겠다

축대는 산을 세워

자자손손 살고자 했지만

피 흘린 자국은 이끼로 변해

숲 계곡에 스민

이름 없는 돌 사그라도*

돌꽃으로 살아서 증언한다

삼백 년 슬픔이 배어

허물어질 수 없는

허물어져서 안 된다는 듯

서로가 서로를 위로하는 담장

* 페루 언어로 성스러운 계곡, 성스러운 강.

잉카 남자들은 모두 사라지고
백 명의 여자 미라만 있었다니
태양의 처녀들만 살았던 것일까
소나기 내리더니
무지개가 공중 도시를 들어올린다
바예 사그라도, 리오 사그라도
다 내려놓고 돌아가라 한다

신이 된 돌들

형체조차 가늠하기 힘든

혼란으로 뒹굴지만

사연 없는 돌멩이는 하나도 없다

신이 되기도 하고

이야기가 되기도 하는

돌들은 수천 년 넘실거리는

바다의 양떼를 지켜보았다

차디찬 돌에 앉아 아들을 기다리던

아비에 대한 처연한 기억을 가지고 있기도 하다

괴물을 해치우고

흰 깃발 올리며 돌아오겠다던 아들

배에서 검은 깃발이 나부끼자

바다로 뛰어들었던

아비의 더운 피를 받아먹은 기억을

아비가 자식을 죽이고

자식이 아버지를 버리는 세상

크로노스는 제우스 대신 돌을 삼켰다

바람이 돌기둥을 돌아서자

옛 그리스인들이 꾸역꾸역

파르테논 신전으로 모여들어

기도하고 있다

죽은 소가 울거든

한양에 살던 김씨 일가

제주 목사로 부임한 후

나주 복룡산 자락에 살다가

그 자손 중 현회賢回

정유재란 때 왜군에 쫓겨

풍선風船 타고 머무른 곳

임자 여기 있네, 하여

머무른 땅 임자도

돌아가시기 전 유언으로

내가 죽으면

죽은 소가 울거든 하관下棺하라

산 소도 아니고 죽은 소가 울다니

가족들이 모여 궁리 중일 때

그가 풍선風船 타고 내린 벼락 바위*

* 신안군 임자도 대광해수욕장 옆에 있는 바위.

고기잡이배 만선 알리는 북소리

북은 소의 가죽이라

하관下棺하였는데

그 유훈 알아 사백여 년 터 닦아

고삐로 맞고 북채로 맞으며

오늘도 신명이 나서

질경이 겨울나기

느낌표 같은 것들이
눈 위에 총총 박혀 있다
건조와 혹한은 삶의 시험대
질긴 목숨으로 되살아나는
질경이의 사연을
우두커니 듣고 있다가
같은 내력을 가진
사람 하나를 떠올린다
안부 물어볼 용기도 나지 않는
그렇다고
잊히지도 않는 그에게로
언뜻 느껴지는 봄바람을
서둘러 보내주고 싶다

영국사 은행나무

 나더러 천삼백 살 먹었다 하는데 나는 내가 몇 살인지도 몰라 어쩌다 여기에 뿌리를 내렸는지도 언젠가 천태산이 아이 하나 낳자고 해서 늦둥이 자식 하나 곁에 두었으니 되도록 오래 살아야지 용문사에도 또래 하나가 더 있다고 들었지만 발이 없으니 찾아가 볼 수도 없네

 명줄이 길다 보니 그것만으로도 보물 취급을 받기는 받아 나를 만나겠다고 찾아오는 사람도 많고, 그중에서 시인이라는 무리들이 시랍시고 주렁주렁 나한테 걸어 주는데 그런 거라면 내 거를 베껴도 천 권은 넘을 거야 검은등뻐꾸기 불났다며 홀.딱.벗.고 야단법석을 떨던 얘기부터 원각국사 비에 새겨지던 왜놈들의 총탄 얘기까지, 이 나이 먹도록 보고 들은 것이 좀 많아야지

 노송들 열반에 들 때마다 오래 살아서 미안하다는 생각이 들기는 들지 그래도 어쩌겠나 나는 건재해서 가을이면 누런 똥을 푸짐하게 갈겨대는 걸 나무들도 맘대로 할 수 없는 것이 명줄인 거지

절창

블라우스와 주름치마 입은
여성 성악가 노래를 들었어
관중은 잔디밭과 나뿐이었어
카틀레아가 호른을 불고
팔손이는 하프를 켜고
호접란은 작은 북채를 잡았더군
모나 라벤더는 플루트를 불었어
물 한 모금 축인 성악가가
창가 구석진 자리에서 등장하더니
목을 길게 빼고 노래를 시작했어
조수미 목소리는 아니어도
자기 삶을 노래했어
이름을 물으니 명월이라 했어
첨후엽변경이라고도 한다는데
이름이 중요하지는 않아
사는 곳은 구석진 곳이었대

물 한 모금 얻어먹기도 어려운 곳

햇볕이 적어서 목이 빠졌대

달을 보고 자랐대

절창이었어

동백꽃의 동박새에 대한 기억

함박눈이 내린다

입술로 눈을 녹이며 하늘을 향했다

내가 태어난 곳은

파도가 깎아버린 절벽

흙과 바위를 부여잡고 살았다

파도 소리를 들으며

바닷바람은 나를 키웠다

갯바람에 잎이 반짝였다

보이는 것은 오직 하늘뿐

홀로 피었다

하늘은 무심한 듯

숨이 막히게 눈은 퍼부어

붉은 한숨을 토할 때

찌릇찌릇 동박새 소리를 들었다

한참을 배회하더니

입술의 눈을 털어주었다
함박눈은 축복으로 내렸고
떨어질 때 아득했다
파도 소리가 가까이 들렸다

※ 해설

사라져 가는 것들을 위하여

황정산(시인·문학평론가)

1. 들어가며

지금 우리는 없는 것이 없는 세상에서 살고 있다. 수많은 백화점과 대형 마트에는 온갖 종류의 먹거리들과 입을 옷들이 넘쳐나고 있다. 그뿐이랴, 컴퓨터나 휴대폰에서 클릭 몇 번으로 뭐든지 살 수 있고 구할 수 있다. 더 많은 욕망을 불러일으키기 위해 더 많은 상품을 만들고 오직 이 상품을 소비함으로써 더 많은 행복이 채워진다고 서로서로 부추기고 있는 것이 지금 우리들의 삶의 모습이다. 결핍은 죄악이고 생산은 선행이고 소비는 미덕인 사회인 것이다.

하지만 이렇게 없는 것이 없고 구할 수 없는 것이 없는 세상이지만 우리는 너나없이 삶의 허무와 결핍감과 상대적 박탈감에 시달리며 살고 있다. 우울증과 공황증이 점점 늘어가는 것은 다 이런 이유 때문일 것이다. 물질이 늘어

갈수록 또 한편에서는 사라져 가는 것이 더 많이 생겨나고 이 사라져가는 것들은 지금의 이 풍요로운 물질로도 채워지지 않는다. 김영길 시인의 많은 시들은 바로 이 사라져 가는 것들에 대한 그리움의 표현이고 이것들의 빈자리가 주는 상실감에 대한 위로이고 치유이다.

2. 자연 속에서 자연을 그리워하다

김영길 시인의 이번 시집 시들 중에는 자연을 소재로 한 시들이 많다. 하지만 일반적인 자연 소재의 시들이 가지고 있는 목가적 평화로움과 충만감은 찾아보기 힘들다. 반대로 그의 시의 자연에서는 뭔가가 사라져가는 결핍감이 느껴진다. 그의 시가 비교적 쉽고 평이한 소박한 언어로 쓰여 있긴 하지만 상투적인 음풍농월의 시와는 다른 모습을 보여주는 것은 바로 이 때문이다.

다음 시는 이런 그의 시의 특징이 잘 나타나 있다.

도시에서만 살던 누이가

부엌 유리창 너머 묵정밭에

환한 개망초꽃을 보고

오빠가 저 꽃을

다 심은 거냐고 묻는다

글쎄

저 혼자 피었지

시계소리만 들었던 누이를 위해

포플러 꼭대기의 뻐꾸기가

시간도 맞지 않는 울음을

온종일 운다

　　—「저절로」 전문

  도시에서 살다 시골집에 내려온 누이는 울 밖에 제멋대로 자라 피어있는 개망초꽃을 보고 일부러 가꾼 화단이냐고 묻는다. 누이는 자연 속에 와서도 자연을 보지 못하고 인간의 손길로 만든 인위적인 존재만이 아름답다고 생각하고 있는 것이다. 그런 누이를 위해 자연은 시계에서 울리는 뻐꾸기 소리가 아닌 진짜 뻐꾸기 소리를 들려준다. 그런데 여기서 우리가 눈여겨봐야 할 것은 "시간도 맞지 않는 울음"이라는 구절이다. 여기에서 시간은 숫자화된 시계의 시간이며 모든 인위적인 것들의 비유이다. 도시의 삶이란 모두 수치화된 시간에 의해 이루어진다. 노동시간으로 환원된 월급을 받고 그것을 얻기 위해 정해진 시간에 일어나 정해진 시간까지 일을 해야 한다. 그런 시간을 살면서 우리는 정작 자연의 시간과 그 안에서 들리는 자연의 소리를 잃고 살아온 것이다.

  이런 점은 시인 자신에게도 해당된다.

    양파와 감자가 담겨 있는
    대바구니를 무심코 보다가
    머리가 대바구니처럼 큰 아재가 생각났다

    큰 덩치에 어울리지 않게 솜씨가 빼어났던
    너털웃음도 대바구니 같던 양반이었지
    자기가 죽으면 엮어줄 사람 없다며
    지문 닳도록 씨줄과 날줄로 세워서 만든
    조릿대 바구니를
    고향 떠나는 소달구지에 대롱대롱 매달아 줬어
    바람 부는 날이면
    노룻도 갈매기와 파도 소리를 내기도 하는

자네 고향 떠나 살더니

가족 모두 편안하고

이웃들과 오손도손

씨줄과 날줄은 잘 엮었는가

그 양반의 너털웃음소리가

문득 나한테 묻고 있네

―「그 대숲에 들고 싶다」 전문

  시인 역시 오래전에 고향을 떠나고 그곳의 자연을 떠나 도시에서의 삶을 살아왔다. 하지만 그런 삶이 행복이었을까 잠시 생각하고 있다. "씨줄과 날줄은 잘 엮었는가" 묻는 고향 마을의 먼 친척 아저씨의 물음은 자연의 물음이기도 하고 자연을 떠나 살아온 자신의 삶에 대한 스스로의 물음이기도 하다. 그런데 시인은 그 질문에 대한 답을 고향마을의 "대숲"에서 듣고 싶어 한다. 자신이 기껏 누리고 있는 자연이란 고향에서 가지고 온 "조릿대 바구니"뿐이고 정작 자신의 삶의 진실을 말해 줄 자연의 대숲은 잊어버리고 살아왔다고 시인은 스스로 생각한다. 진실은 자기가 버리고 온 고향의 "대숲"이라는 자연 속에 있다는 것을 이제 비로소 깨달은 것이다.

사실 최근 들어 자연에 대한 관심이 늘어가고 있는 것이 사실이다. 〈나는 자연인이다〉와 같은 자연 속의 삶을 보여주는 티비 프로그램이 유행을 하고 도시에서도 농사를 짓는 사람들이 늘어간다고 한다. 그만큼 사람들이 자연이 주는 어떤 충만감을 그리워하기 때문이다. 하지만 이렇게 도시의 삶에 소환된 자연이 진정한 자연일까 하는 의문이 든다. 김영길 시인의 시들은 바로 그런 의문의 연장선에 있다. 텃밭을 가꾸고 가끔 자연을 찾아 이른바 '힐링'을 하고 하지만 그렇게 소유하게 된 자연이 진정한 자연일 수 있는가 하는 질문을 우리에게 던져 준다.

눈이 조용히 내렸다
누구라고 피하지도
더 많이 내려주지도 않고
똑같이 내렸다

뾰쪽하면 작게
평평하면 많이 받았다

화살나무는 화살나무대로
철쭉은 철쭉대로

마른 수국 꽃봉오리에도

억새꽃 위에도

베어진 그루터기는 덧나지 않게

생사를 구분하지 않았다

소복 사뿐히 내려주었다

눈을 받지 못한 것은

강아지와 나였다
　　　—「공평하게」 전문

　눈은 우리로 하여금 자연을 느끼게 해주는 가시적인 현상이다. 그런 자연의 힘은 "공평하게" 모든 사물과 생명들에게 "생사를 구분하지 않"고 "사뿐히 내려" 준다. 그것은 혜택이기도 하지만 피해이기도 하다. 모든 자연의 존재들은 이 혜택과 피해를 고스란히 받고 견딘다. 하지만 시인과 그가 키운 강아지만이 이런 자연의 공평한 혜택과 피해를 받아내지 못한다. 표면적으로는 눈을 털며 걷거나 뛰고 있기 때문이기는 하지만 비유적 의미를 생각했을 때, 인위적인 인간의 삶과 그 그늘에서 벗어나지 못한 강아지는 자연 속의 삶을 거부할 수밖에 없기 때문이다. 이렇게 우리는 자연 속에서 살면서도 자연을 온전히 받아들이지 못한다. 결국 시인은 자연 속에서 자연을 그리워하며 자연이 주는 진정한 비밀을 알고자 한다.

    춥고 어두운 그늘에 남아
    톱니 다 문드러지도록
    먼지 뒤집어쓰고 있는

    잔설은 잔소리가 아니다

    마지막 눈물
    한 방울까지 짜내어
    노루귀 복수초 변산바람꽃에
    젖을 먹일

    잔설은 아직
    할 일이 남아
    떠나지를 못하고 있다
        —「잔설」 전문

시인은 잔설을 "잔소리가 아니"라고 말하고 있다. 잔소리는 벗어나고 싶은 것이다. 이 잔소리처럼 사람들이 봄이 오는 것을 바라며 산골짜기에 남아있는 잔설이 사라지기를 소망한다. 하지만 시인은 그렇게 생각하지 않는다. 잔설이 "아직 할 일이 남아/ 떠나지 못하고 있다"고 거꾸로 생각한다. 그 할 일이 무엇인지는 앞서 설명한 여러 편의 시들을 통해 우리는 짐작할 수가 있다. 그것은 바로 시인이 그리워하는 자연의 진실이고 힘이다. 자연은 잔설처럼 소멸되어 가면서도 우리에게 그것을 남기고 싶어 한다. 시인이 자연 속에서도 사라져 가는 자연을 그리워하며 시를 통해 끝까지 찾고자 하는 것도 바로 그것이다.

시인이 원하는 것은 어쩌면 다음과 같은 경지인지 모른다.

형체조차 가늠하기 힘든
혼란으로 뒹굴지만
사연 없는 돌멩이는 하나도 없다
신이 되기도 하고
이야기가 되기도 하는

돌들은 수천 년 넘실거리는

바다의 양떼를 지켜보았다

차디찬 돌에 앉아 아들을 기다리던

아비에 대한 처연한 기억을 가지고 있기도 하다

괴물을 해치우고

흰 깃발 올리며 돌아오겠다던 아들

배에서 검은 깃발이 나부끼자

바다로 뛰어들었던

아비의 더운 피를 받아먹은 기억을

아비가 자식을 죽이고

자식이 아버지를 버리는 세상……

크로노스는 제우스 대신 돌을 삼켰다

바람이 돌기둥을 돌아서자

옛 그리스인들이 꾸역꾸역

파르테논 신전으로 모여들어

기도하고 있다

　　─「신이 된 돌들」 전문

시인의 시의 제목을 "신이 된 돌들"이라고 했지만 사실은 그 반대로 "돌이 된 신들"을 말하고 싶었다고 생각된다. 그리스의 신전들은 인간이 신이 되고 싶어 만든 구조물들이다. 그것은 기하학과 건축술이라는 고도의 인위적 기술을 통해서 가능한 것이기도 하다. 이런 것들을 통해 그리스인들은 자연을 가공하고 재배치하여 인간을 신의 위치로 끌어올리고자 했다. 하지만 시인은 폐허가 된 신전들을 보면서 그것들이 다시 돌멩이라는 자연으로 돌아가는 것을 발견한다. 이 모습에서 시인은 "옛 그리스인들이 꾸역꾸역/ 파르테논 신전으로 모여들"고 있다는 상상을 한다. 그런데 이는 자연으로 화한 돌멩이들이 어쩌면 그리스인들이 찾고자 했던 신의 모습이 아닐까 하는 역설을 말하고자 함이다.

3. 길에서 길을 잃다

우리는 정해진 길이 있다고 생각한다. 그 길을 위해 학교에 가고 공부를 하고 어려운 시험을 통과하고 결혼을 하고 직장에 나가 돈을 번다. 하지만 그 길이 정말 자신이 원하는 길이고 세상을 사는 바람직한 길인지는 오래 생각해 본 적이 없는지 모른다. 길이 너무도 분명해 보여 차라리 우리 모두는 길을 잃고 사는지 모른다. 시인은 그런 우리를 "낙지"에 비유하고 있다.

시펄이 난무하는 시장에서
개펄은 어디쯤인지
대야를 빠져나와 굄목 사이
팔방에 촉수를 뻗쳐보는데
찾아봐도 개펄은 모르겠고
두발짐승 와자지껄 떠드는 소리

낙지다 낙지
낙지가 기어 나와요

아 시펄
굄목을 붙들고 늘어져보지만
대야 속으로 기어이
뚝 떨어지고 만다
모두 탈출하자고
거품으로 모의를 해봐도

낙지들이 돌아갈 곳은 없다

세상은 어디나 할 거 없이

질펀한 개펄이지만

  ―「난무하는 낙지들」 전문

 시인이 보기에 세상은 "시펄"이라는 욕이 난무하는 "질펀한 개펄"이다. 그런 곳에서 대야에 갇힌 낙지처럼 사람들은 모두 어딘가로 벗어나기 위해서 기를 쓰며 노력한다. 하지만 그렇게 해서 탈출한 세상은 낙지들이 원하는 "개펄"이 아니라 방향도 길도 없는 "시펄"이 난무하는 시장바닥이다. 애써 살아보지만 길은 없고 돌아갈 곳도 없다. 우리의 삶도 역시 마찬가지이다. 부단히 노력하고 위만 보고 기어오르지만 결국 도달하는 곳은 난장판의 세상이고 다시 거기에서 우리는 길을 잃고 만다. 좋은 대학을 나오고 높은 자리에 올라서도 결국 삶의 방향을 잃고 한순간에 나락으로 떨어지는 사람들을 보면 이런 현실을 쉽게 이해할 수 있을 것이다.

 시인은 바로 이런 현실에서 올바른 길을 찾기 위해 자신의 삶을 돌아보고 시를 쓴다.

걸으면서 보이는 것들 눈 맞춘다

코로나 이후 입은 사라졌다

달빛도 물빛도 불빛도

어둠을 눈뜨게 한다

쑥부쟁이 구절초 개미취

빛을 받아 색을 만든다

입을 막고 사는 나를 보란 듯이

그들은 색색이 가을로 여물고 있다

바쁘게 걸어가는 나에게

제 자리에 꽃피는 자기를 보라며

제발 멈추던지 좀 천천히 가라 한다

고개를 끄덕이며 걷는다

궁리가 없고 시절인연이 없더라도

걷고 또 걸어가면 길이 보일지

성을 쌓는 자 망하고 길을 내는 자 흥한다

가을이 가고 겨울이 와도 또 봄이 와도

산속에 난 다람쥐 고라니 길처럼

저게 길이냐고 비웃어도

보이는 것마다 눈 맞추며

걷고 또 걸어서

　　─「걷고 또 걸어서」 전문

시인은 누군가의 말을 인용해 "성을 쌓는 자 망하고 길을 내는 자 흥한다"고 우리에게 알려준다. 그런데 우리는 길을 내기보다 성을 쌓기에 열심이다. 성을 쌓는 것은 자신의 것을 지키기 위해 타인을 거부하는 일이고, 길을 내는 것은 내 것을 나누고 타인과 소통하고자 하는 노력이다. 현대인들이 삶의 길을 잃고 있는 것은 어쩌면 바로 이 소통의 길을 내지 않기 때문인지 모른다. 자기 것을 지키는 일은 타인과의 교류를 필요로 하지 않기에 타인에 대한 깊은 이해도 다양한 지식도 필요하지 않다. 물질에의 욕망만 추구하는 현대인들이 이기적 삶의 태도에서 벗어나지 못하는 것이 바로 이 때문이다. 시인은 바로 이런 지향 없는 욕망과 길을 잃은 악착스런 삶에서 벗어나기 위해 오늘도 또 걷고 또 걷는다. 여기서 걷는다는 행위는 길을 찾는 일이고 시인에게는 시를 쓰는 일이기도 할 것이다. 왜 그것이 시를 쓰는 행위와 연결되는지는 다음 시가 암시적으로 우리에게 알려준다.

비닐 조각이
온몸으로 휘갈겨 글을 쓴다

격정적으로

붓을

내두르며

지붕을 뚫고 나온

못이

노리고 노리다가

느닷없이

비닐을 낚아챈다

순간

뱀의 혀처럼

갈라지는 붓끝

환귀어지還歸於地

초서로 휘갈긴 글을

나는 가까스로 읽어낸다
    —「비닐의 초서草書」 전문

바람에 날리다 어딘가에 걸려 휘날리는 비닐봉지가 글을 쓴다고 생각하는 재미있는 상상력의 작품이다. 비닐봉지의 그 격정적인 움직임과 알 수 없는 동작을 보고 그것을 글이라고 표현한 것은 글이 그만큼 불안한 의미에 가까스로 매달려 있다는 것임을 말해주고 있다. 시를 쓴다는 것은 이 불안한 의미를 끝까지 포기하지 않고 찾아나간다는 것이다. 우리는 수없이 많은 말들을 하고 산다. 하지만 이 말해지는 기표들은 그 원래의 의미를 잃고 상투화된다. 그러므로 기표가 표현하고자 하는 기의는 그 드러남을 끝없이 유보한다. 시인은 그 불안한 기표를 응시하고 관찰하여 "가까스로 읽어낸다." 시인은 그것을 "환귀어지還歸於地" 즉 모든 것이 다시 땅으로 돌아간다는 의미라고 해석한다. 시인이 찾고자 하는 도가 어쩌면 앞서 설명한 자연이라는 가장 근원적인 힘에 있는 것이 아닌가 추측해 볼 수 있는 대목이다.

4. 맺으며

김영길 시인의 시는 꾸밈이 없다. 어려운 여러 겹의 비유나 현란한 언어의 조작이 들어 있지 않다는 뜻이다. 물

론 이 점이 시로서의 완성도를 떨어뜨리고 있다고 평가할 수도 있다. 하지만 과도한 시적 수사와 언어유희가 남발되고 있는 지금의 시단의 풍토에서 그의 시는 신선한 충격으로 다가온다. 꾸미지 않는 소박한 언어의 힘이 우리에게 깊은 울림을 준다. 특히 그 울림이 우리 삶을 성찰하고자 하는 진지한 사색과 만나게 될 때 우리로 하여금 잃어버린 무엇인가를 다시 생각하게 해준다.

 우리는 많은 것을 얻고 살고 있다고 생각하지만 사실은 많은 것을 잃고 살고 있다. 결국은 나의 정체성까지도 잃어버리고 누군가의 나가 되는 소외된 존재로의 삶을 당연시하며 살고 있다. 김영길 시인은 이런 우리들의 삶을 자연이라는 꾸밈없는 투박한 공간에 던져 놓는다. 그럼으로써 우리 삶의 상투성을 다시 돌아보게 한다. 우리는 세련되고 아름다운 언어를 통해 가치 있는 어떤 것을 찾고 있다고 생각하지만, 사실은 그런 과정에서 우리가 그토록 상투적이라고 무시했던 자연도 삶의 진실도 다 잃어버린 것이 아닌지 그의 시들은 되묻는다. 그러므로 김영길 시인에게 시는 일종의 도를 찾는 길이기도 하다.

썰물이든 밀물이든

몽돌은 저음의 염불이다

…(중략)…

오직

둥글어지기 위한 수련뿐인

수도승

저 많은 머리의 불자들…

— 「구계등 몽돌」 부분

 둥글어진다는 것은 불교적으로 말하면 해탈의 경지에 이른다는 것이다. 시인이 둥근 몽돌을 보고 수도승을 떠올리는 것도 이와 무관하지 않을 것이다. 그 경지에 나아가는 것은 파도에 부딪히며 내는 "저음의 염불"을 통해 가능하다. 그것은 바로 목소리 높이지 않고 자신의 언어를 찾아가는 시인의 길이 아니고 무엇이겠는가?

현대시학 시인선 066

문득 나한테 묻고 있네

초판 1쇄 발행	2021년 3월 5일

지은이	김영길
발행인	전기화
책임편집	문지현

발행처	현대시학사
등록일	1969년 1월 21일
등록번호	종로 라 00079호
주소	서울시 종로구 계동길 41
전화	02-701-2341
블로그	http://blog.daum.net/hdsh69
이메일	hdsh69@hanmail.net
배포처	(주)명문사 02-319-8663
ISBN	979-11-86557-88-4 03810

○ 책값은 뒤표지에 있습니다.
○ 이 책의 판권은 지은이와 현대시학사에 있습니다.
  이 책 내용의 전부 또는 일부를 재사용하려면 반드시 양측의 서면 동의를 받아야 합니다.
○ 잘못 만들어진 책은 구입하신 서점에서 교환해드립니다.

○ 이 책은 충청남도, 충남문화재단에서 사업비 일부를 지원받아 발간되었습니다.